MARSEILLE

ET

SUEZ

HOMMAGE

A

M. Ferdinand de Lesseps

PAR

BARTHÉLEMY.

AVEC CORRECTIONS ET ADDITIONS.

Et renovabis faciem terræ.
Psal. 103.
Barbara, pyramidam sileat miracula Memphis.
Mart. de Spec. 1.

MARSEILLE

CHEZ CAMOIN FRÈRES, LIBRAIRES, CANNEBIÈRE, 1.

1858.

MARSEILLE ET SUEZ

MARSEILLE
Typographie et Lithographie Arnand et Comp^e,
CANNEBIÈRE, 10.

MARSEILLE

ET

SUEZ

HOMMAGE

A

M. Ferdinand de Lesseps

PAR

BARTHÉLEMY.

AVEC CORRECTIONS ET ADDITIONS.

Et renovabis faciem terræ.
Psal. 103.
Barbara, pyramidum sileat miracula Memphis.
Mart. de Spec. 1.

MARSEILLE
CHEZ CAMOIN FRÈRES, LIBRAIRES, CANNEBIÈRE, 1.

1858.

27 Octobre 1858.

MARSEILLE ET SUEZ

Où donc s'arrêtera l'intelligence humaine ?
Quel compas peut marquer un cercle à son domaine ?
Devant tous les progrès dont notre âge est témoin,
Qui peut dire à l'esprit : Tu n'iras pas plus loin.
Secrets que nous cherchons ! insolubles problèmes !
Quelque jour, pour nos fils, si ce n'est pour nous-mêmes,

Vous jaillirez, vaincus, des fibres du cerveau.
Peut-être que demain, un Dédale nouveau,
Complétant, tout-à-coup, tant d'efforts illusoires,
Pour l'Océan des cieux trouvera des nageoires,
Et, dans l'immensité, le gouvernail en main,
A des wagons sans rails prescrira leur chemin;
Peut-être une étincelle, à Dieu même ravie,
En d'innombrables jours doit prolonger la vie
Et, dans un autre Eden, va mettre à nos genoux
Les trésors inconnus qu'Adam perdit pour nous.
Avant ce demi-siècle, oh! dites, quels prophètes
Auraient jamais prévu les choses par lui faites?
Ainsi que des cailloux l'homme écrase les monts;
Il donne au fer des bras, des pieds et des poumons;
Plus vite qu'on ne creuse un sillon de charrue,
Dans les flancs de la terre il enfonce une rue;
Des ponts irrigateurs, pour féconder le sol,
Déroulent à sa voix leur gigantesque vol;
Il foule sous ses pieds des tapis de bitume;
Autour de ses palais, un peu d'air qu'il allume
D'une clarté magique étale l'appareil;
Ses chars ont un élan à la foudre pareil;
Et sa voix électrique, avant quelques secondes,
A travers l'Océan passe au bout des deux mondes.

Ce n'était point assez : le voilà, maintenant,
Qui saisit par le centre un double continent ;
Certain qu'à son levier nul poids ne se dérobe,
Le voilà qui s'apprête à repétrir le globe,
A changer, en s'ouvrant, ce que Dieu lui ferma,
Deux isthmes, en détroits : Suez et Panama.

Oui, sous ses Pharaons, architectes précoces,
L'Égypte édifia de merveilleux colosses ;
Elle voyait surgir, se détachant du sol,
Ses temples, ses grands Sphinx, taillés dans un seul bloc ;
Elle eut son labyrinthe et ses noirs hypogées
Où les âmes des rois étaient interrogées ;
Et devant ces débris nous demeurons béants.
Mais sommes-nous des nains auprès de ces géants ?
Les œuvres de nos jours sont-elles plus timides ?
Ah ! montrez-vous encor du haut des Pyramides,
Siècles pulvérisés ! fantômes ténébreux !
Vous que nos bataillons virent penchés sur eux,
Lorsque vous admiriez le jeune Bonaparte
Passant, comme un Simoun devant qui tout s'écarte,
Lorsqu'il vous désignait de la voix, de la main,
A ses soldats rangés dans le désert thébain ;

Siècles redressez-vous de toute votre taille,
Venez pour contempler la nouvelle bataille,
Pour voir un autre chef et des soldats nouveaux
Qui de deux éléments vont changer les niveaux !
Vous verrez, sous leur marche industrieuse et forte,
Tomber de l'Orient l'inaccessible porte,
Et l'Europe, éclipsant les jours que vous vantez,
S'engouffrer à travers des flots infréquentés.
Vous verrez votre Égypte, à vos pieds endormie,
Secouer, en sursaut, sa puissante momie,
Ressuscitant les murs, deux mille ans abolis,
D'Arsinoë, de Syène et d'Héliopolis ;
Retrouvant ses canaux, ses lacs entre les sables ;
Et, comme votre Nil, non moins intarissables,
Nos arts, nos mœurs, nos lois déposent leur limon,
Depuis le vieux Delta, jusqu'au désert d'Ammon.

Conquête pacifique ! insigne découverte !
Un jour, les yeux fixés sur une carte ouverte,
Un homme s'était dit : « Dieu ne nous défend pas
» D'appliquer à son œuvre un utile compas ;
» Il veut que, par degrés, notre main rectifie
» Les aberrations de la géographie.

» Quoi ! l'Inde, le grand but des grands navigateurs,
» L'Inde, pays de l'or, des perles, des senteurs,
» L'Inde nous touche ; quoi ! la Méditerranée
» Entend, près de ses flots, la Mer-Rouge enchaînée ;
» Et, pourtant, cette terre exquise de produits,
» On ne l'atteint qu'après de longs et durs circuits,
» Et les vaisseaux, partis de chaque métropole,
» Pour toucher l'équateur descendent vers le pôle ;
» Comme aux jours de Gama, nous subissons encor
» La fulgurante mer que barre Adamastor ;
» Nous allons affronter les orageuses masses
» De ce cap de l'Espoir, hérissé de menaces ;
» Nous passons lentement, par des bords successifs,
» Du canal Mozambique à mille autres rescifs.
» Pourquoi tous les dangers, pourquoi l'inquiétude
» De ces côtes d'Afrique où la mer est si rude ?
» Ne peut-on arriver par un plus court chemin ?
» Ne peut-on, fallût-il un travail surhumain,
» Aux marins que les flots roulent de cime en cime,
» Que consume l'ennui, que le scorbut décime,
» Faire un trajet moins long, un cours moins hasardeux ?
» On le peut... J'ai trouvé ! Coupons l'Égypte en deux ;
» Appelons l'Océan ; qu'il vienne, entre deux rives,
» Mêler aux flots voisins ses grandes eaux captives ;

» Marchons où le soleil se lève à l'horizon ;
» C'est là le vrai chemin qu'indique la raison ,
» Le seul qui perde ainsi sa lenteur importune ;
» C'est la corde de l'arc, l'algèbre de Neptune. »

Pensée immense! mais, pour en avoir le prix ,
Mais , pour imposer l'œuvre aux rebelles esprits ,
Il fallait une audace égale à ces oracles ,
Un courage stoïque ; il fallait des miracles.
Avant d'ouvrir le sol au flot large et vermeil ,
Que de jours agités ! que de nuits sans sommeil !
Que de plans, de travaux, de longues ambassades !
Jamais l'ermite Pierre , au siècle des Croisades,
Alors qu'au grand sépulcre il cherchait des soutiens ,
Alors qu'il harcelait tous les princes chrétiens ,
Ne sentit dans son cœur sa foi plus haletante ;
Jamais, ce fier Gênois, dont l'énergique attente
Vingt ans, offrit un monde à l'aumône des cours,
Ne montra , pour gagner leur avare concours ,
Un zèle plus fervent, une vigueur plus ferme ;
Nul n'a su le pouvoir qu'une pensée enferme ,
Plus que l'homme, venu parmi nous aujourd'hui ,
Et contraint d'écouter ce que je dis de lui.

Qu'il a passé de fois, ce hardi philanthrope,
De l'Europe en Asie et d'Asie en Europe !
Secouant son flambeau qui pénètre en tous lieux,
Qui réchauffe les cœurs et dessille les yeux ;
Déliant, sous ses doigts, sans un jour d'inertie,
Tous les nœuds gordiens de la diplomatie ;
Déroulant ses calculs, ses chiffres palpitans,
Devant des archiducs, des lords et des sultans ;
Changeant, en un clin-d'œil, de climats, de rivages ;
Trouvant sur son chemin des peuplades sauvages,
De barbares séjours ; puis, près des plus grands rois,
Des temps civilisés revendiquant les droits ;
Tantôt sur un navire et tantôt sur la terre,
En wagon, à cheval ou sur un dromadaire,
Bravant la faim, la soif dans des sables sans puits,
Les torrides soleils et la glace des nuits ;
Traversant l'infini des mers vertes et bleues ;
Il a fait, en quatre ans, quarante mille lieues !

L'Égypte, où nos soldats ont, depuis soixante ans,
Semé, sous leurs drapeaux, le grain des nouveaux temps,
L'Egypte, la première, entendit sa parole.
Là, Mohammed-Saïd, glorieux d'un tel rôle,

Mohammed, petit-fils de Méhémet-Ali,
Du vieillard dont le règne encor n'a point pâli,
Mohammed, qui n'est pas d'un sang qui dégénère,
Afin de rendre au Nil son lustre originaire,
A l'homme fatidique a remis son firman,
Sans regarder s'il est chrétien ou musulman;
Et du noble Français, que vit naître Bayonne,
Le nom dominateur dans l'Orient rayonne.

Partout où résonna sa généreuse voix,
Les hommes entraînés l'ont mis sur le pavois.
Oh! que d'accueils ardents, que de vœux! que de gages!
Combien d'ovations, dans combien de langages!
Aux bords américains le peuple l'applaudit;
New-York verse à ses pieds les sources du crédit;
La Nouvelle-Orléans, comme Boston, l'honore;
Un élan chaleureux fait bondir Baltimore.
Plus près, c'est Liverpool, Birmingham, Manchester,
Qui proclament son nom par cent bouches de fer;
De Londres à Dublin, l'Angleterre et l'Irlande
De meetings triomphants lui font une guirlande.
Partout l'or est promis, partout s'offrent des bras;
Ce sont des vœux sans fin, d'indicibles hourras;

Partout de ce grand feu courent les étincelles ;
Les arsenaux d'Anvers, les comptoirs de Bruxelles
Ont les mêmes transports, et l'Autriche y répond,
Non moins que l'Italie et l'antique Hellespont ;
A chacun de ses pas un succès se jalonne,
Et son dernier voyage a conquis Barcelone.
Dans notre France, enfin, de l'un à l'autre bout,
Pour marcher avec lui tout un peuple est debout ;
Que de cœurs fraternels, de chaudes sympathies,
Que d'imposantes voix des plus hauts rangs parties !
Tandis qu'avec ivresse on l'exalte à Calais,
On bat des mains pour lui sous le ciel bordelais ;
Tout s'enflamme au tison de son patriotisme.

Où va-t-il maintenant ce destructeur de l'isthme ?
Où sera-t-il demain ? car les moments sont mûrs ;
Et bien d'autres cités l'appellent dans leurs murs ;
Hâtons-nous, prenons rang sous sa haute bannière ;
Marseille ne doit pas s'y montrer la dernière.
Soyons l'écho puissant du mouvement public ;
Armons-nous, sans retard, de la pioche et du pic,
Nous qui recueillerons, dans cette œuvre commune,
Une plus grande part de gloire et de fortune ;

Nous, qui, pour les vaisseaux affluant du dehors,
Allons être contraints de quadrupler nos ports;
Nous, qui prophétisant l'éblouissante aurore
Où du monde indien va s'ouvrir le Bosphore,
D'une cité nouvelle élevons le chantier,
Comme une hôtellerie offerte au monde entier;
Nous enfin dont la ville, en six ans d'intervalle,
Sur la frange des mers n'aura plus de rivale.

Mais d'abord, pour montrer à ce grand visiteur
Que Marseille l'honore et marche à sa hauteur,
Dans un toast solennel entrechoquons nos verres...
Nous lui rendrons, un jour, des honneurs plus sévères,
Des honneurs mérités, tels qu'un peuple les rend
A l'homme qui le fait plus prospère et plus grand.
Oh! si vous permettiez à la voix du poète,
Accouru de Paris pour cette rare fête,
Si vous lui permettiez d'indiquer un tribut,
Pour celui qui nous lance à cet insigne but,
Je vous dirais : parmi l'universel hommage,
Qu'il en ait un, chez nous, qui soit à notre image;
Qu'un vaisseau marseillais soit, d'avance, construit.
Et, quand viendra le jour que le monde poursuit,

Le jour où tombera la séculaire écluse
Qui sépare deux mers, de Suez à Péluse ;
Quand le vieux Gibraltar qui s'ouvre à l'Occident
Du côté du soleil trouvera son pendant,
Il faut que ce vaisseau, pour consacrer cette heure,
Soit lancé sur les mers que sa poulaine effleure,
Avec ses mâts ornés d'olives et de ceps,
Et notre croix d'azur, et le nom de LESSEPS ;
Qu'il entre, le premier, dans la route inconnue,
Et que l'ardente Egypte acclame sa venue,
En faisant ressentir, mille fois, le canon,
Jusqu'au désert où dort la tête de Memnon.

FIN.

www.ingramcontent.com/pod-product-compliance
Lightning Source LLC
Chambersburg PA
CBHW061612040426
42450CB00010B/2440

« Oh! le plaisant projet d'un poète ignorant,
« Qui, de tant de héros, va choisir... Childebrand! »
BOILEAU.

I.

Il y a une époque fatale et inévitable dans la vie des peuples — Sorte de réaction qui noue mystérieusement le passé à l'avenir : — C'est l'heure des crises et des bouleversements. — C'est alors, surtout, qu'une nation est arrivée à l'apogée de la civilisation et de sa gloire, qu'elle tend rapidement à décroître. — Une grande dégénérescence suit nécessairement un grand progrès. — L'histoire est là pour le prouver :

Quelle contrée fut jamais plus favorisée des dieux et des hommes que l'Italie? Quel empire fut plus florissant que l'empire romain? Et pourtant, c'est quand Rome a traversé une longue et glorieuse série de siècles; c'est quand elle a triomphé de ses ennemis, qu'elle a cloué de sa grande épée la tête de la barbarie sur la roche Tarpéïenne et qu'elle a mérité le titre de maîtresse de l'Univers, que Rome est tout-à-coup prise d'un incroyable vertige, et, qu'oublieuse et folle, elle va noyer dans les sanglantes saturnales du Bas-Empire, dix siècles de triomphes et de progrès !

Ce que Rome fesait alors, Athènes, Sparte et Babylone l'avaient fait avant elle; — Venise et l'Espagne l'ont fait depuis, et nous, les Français du XIXe siècle, nous qui nous targuons de marcher à la tête de la civilisation, nous allons imiter nos devanciers.....

Ah ! c'est qu'on descend vite la pente de la décrépitude ! Le vase trop plein doit inévitablement déborder ; cela est usé, mais cela est sérieusement vrai. — Or, la France avec ses progrès, avec sa science, avec ses hauts faits, avec son puissant ascendant politique, en est arrivée là. — Elle aussi a son trop plein moral qui comble la mesure...

La France a atteint le haut de l'échelle ; — il ne lui reste plus qu'à descendre, à moins que le suffrage universel démente ce que pense de lui les journaux anglais, et nous-mêmes en donnant pour chef à la nation, l'HOMME qu'il lui faut MAINTENANT !

Ces considérations qui paraîtront banales à quelques-uns, n'auraient certes pas échappé à notre plume, n'eût été la gravité des circonstances que nous venons de traverser. Et qu'on ne s'y trompe pas! Quelque déplorable que soit la situation de la France, nous ne sommes encore qu'au début. Dieu veuille que nous surmontions, avec calme et résignation, la série des difficultés qui nous environnent. Quoi qu'il en soit, nous croyons qu'il est du devoir de tout Français, véritablement ami de son pays, de prendre son courage à deux mains, et, la tête haute, de protéger ses frères plus faibles dans la lutte que nous allons engager avec l'avenir. — Nous adjurons donc tous les bons citoyens de prêcher l'exemple et de payer de leur personne, s'il le faut, pour défendre la France contre les attaques de ses ennemis, comme nous-mêmes, mettons avec empressement notre plume et nos idées au service du peuple que nous voulons éclairer.

II.

Ce sera une bien curieuse et bien effrayante histoire à faire pour les historiographes à venir, que celle de la Révolution de Février, — avec ses phases si diverses, ses étonnantes péripéties, ses impuissantes ambitions, et les sillons profonds qu'elle a creusés dans le champ fécond de l'avenir. Pour bien des gens, ce qui s'est passé depuis le 24 Février, n'est que l'effet d'un long rêve, d'un cauchemar pénible ; — pour eux, la République de 1848 est une hallucination ; pour nous, c'est une réalité.

Ce ne sont pas des songes que Louis-Philippe chassé, conspué par ceux-là même qu'il avait comblé de ses faveurs, — qu'une poignée de folliculaires intrigants se mettant en son lieu et place, et escamotant la Révolution à leur profit. — Que ce népotisme éhonté d'une tourbe de puritains farouches, les premiers à préconiser l'honneur et la probité sous la monarchie, les derniers à les pratiquer sous un régime de liberté.

—Ce ne sont pas des songes encore que le maniement des affaires confié aux hommes du provisoire, têtes chaudes, qui enfantèrent entre un cigare et un broc de bière, les insolentes billevesées du droit au travail et des ateliers nationaux ! — Ce ne sont pas des songes, enfin, que les journées de juin et que Paris livré, pendant quatre fois vingt-quatre heures, à toutes les horreurs de la guerre civile, horreurs auxquelles nous ne devions échapper qu'en y laissant quelques précieux lambeaux de nos gloires et de nos libertés !

Mais passons. — De même qu'à l'avenir seul est réservé le soin de juger le passé, le présent ne doit se mesurer qu'avec l'avenir. Ce que la France a été depuis février, ce qu'elle aurait pu être, la postérité se chargera de l'expliquer. Quant à nous, sans prétendre anticiper ici sur le jugement de la postérité, nous croyons qu'elle rendra du moins cette justice aux hommes honnêtes de notre époque, qu'ils auront beaucoup fait pour éviter à la France la catastrophe qui est suspendue sur sa tête.....

Cette catastrophe, quelle est-elle ?

La nomination de Louis-Bonaparte à la présidence de la République.

Qu'est-ce donc que Louis-Bonaparte ?

Ecoutez !...

III.

AVANT.

Mais, tout d'abord, sachez que notre plume est sans haine comme sans arrière-pensée, que ce n'est pas l'homme que nous voulons attaquer, mais le principe. Or, à Dieu ne plaise que nous cherchions à faire passer l'homme sous les fourches caudines de l'opinion publique. Pourtant il nous faut dire, sans intention de personnalité aucune, mais comme entrée en matière à nos développements, que Louis-Napoléon est une de ces natures passives, comme il y en a tant, — sans passions, et par conséquent, sans faculté d'initiative, — n'ayant qu'un but, ou plutôt qu'une manie.....

Celle de jouer au grand homme !

Avant de se poser en candidat à la présidence de la République française, qu'était-ce donc que Louis-Napoléon ? Ce qu'il était, le voici :

Revenons ici un instant à l'homme au point de vue physique; car il est vrai de dire que la forme extérieure est le reflet de nos facultés, comme les yeux sont le miroir de l'âme. — Les portraits à la plume parviendront toujours à donner la plus juste idée de la pensée intime et la mesure exacte de l'intelligence. — Homme du monde, c'est-à-dire souple et insinuant, mais avec cette facilité que donne la faiblesse qui le caractérise ; — superficiellement spirituel, et possédant juste assez de tact pour ne pas se compromettre ; — ayant la répartie vive, et sachant parfois se taire à propos ; — ne tourmentant jamais sa pensée, et invariable dans ses convictions, mais seulement parce que s'il cherchait à les froisser, cela pourrait opérer une réaction dangereuse sur sa nature lymphatique et apporter un grave dérangement dans ses organes.

Tel est M. Louis. — Nous n'aurons point la cruauté de mettre les nerfs du Prétendant à une plus longue épreuve, et, abjurant toute acrimonieuse pensée à son égard, nous nous bornerons à discuter ses actes.

Or donc, *avant*, quel était M. Louis? Le neveu de Bonaparte. Jusqu'à présent, c'est le seul titre *sérieux* que nous lui connaissions aux suffrages de ses concitoyens. — Quant aux autres, on jugera s'ils sont illusoires. Nous ne dirons rien de l'enfance du futur grand homme, par cela même, qu'au rebours des natures fortement trempées, M. Louis, encore enfant, ne brilla pas précisément par la précocité. — Il fit ses études, ni plus ni moins que le premier fils venu de famille aisée, voilà tout. — Sa seule prédilection marquée fut pour les langues *étrangères*, qu'il possédait beaucoup mieux que sa langue maternelle. Plus tard, il voyagea, et occupa ses loisirs à confectionner des pamphlets politiques; — traits inoffensifs *qu'il empruntait aux carquois d'un secrétaire salarié*, pour les décocher sur l'indifférence d'un public inattentif! Ces morceaux d'économie politique nous sont, en partie, tombés sous la main, et d'honneur! l'esprit et le style y brillent par leur absence. — Si ce sont des pages destinées à attirer l'attention de la critique, elles ne font que médiocrement pressentir le talent, bien moins le génie. — Si ce sont des ballons d'essai ils ont complètement manqué leur but.

Tout ce que M. Louis parut avoir tiré de ses études, fut un goût prononcé pour les occupations frivoles, — pour le doux *farniente* qu'il emprunta à l'Italie et pour cette vie oisive et stérile en résultats, qu'il devait mener plus tard sur les rives brumeuses de la Tamise... Nous croyons qu'il eût été bien plus facile de trouver dans la bibliothèque du prince, l'*Art de bien mettre sa cravate* et le *Manuel du parfait sportman,* que l'*Histoire de l'Empire* et le *Code Napoléon*..... Se lever à midi — après avoir pris son chocolat dans son lit — avoir un nègre pour groom — se faire habiller par Staub, porter des bottes de Sakoski et des gants Jouvin — étudier les poses du comte d'Orsay, crever des chevaux de louage à Newmarket — parier peu — boire beaucoup et avoir une loge à l'Opéra — souper en tête-à-tête avec les faciles bayadères de Drury-Lane et ouvrir le premier quadrille aux soirées du duc de Wellington — voilà le bulletin officiel de la jeunesse du prince !

Cependant il advînt, que par besoin de désœuvrement et pour briser la monotonie d'une pareille existence, M. Louis se sentit pris d'une envie démesurée d'occuper l'attention et d'attirer sur son inoffensive individualité l'œil vigilant de la publicité. Oui, vraîment, il se trouva que M. Louis eut des velléités d'ambition et que, Don Quichotte nouveau, il arrêta la conquête d'une nouvelle Barataria, cette île bienheureuse où Sancho devait trouver la félicité !

C'est ainsi qu'un beau jour, M. Louis, persuadé qu'il était appelé à de hautes destinées et de plus en plus convaincu qu'à lui seul était réservée la gloire de perpétuer les immortelles traditions de l'ère impériale, forma un vaste projet qu'il mûrit et étudia sous toutes les faces, avant que de le mettre en exécution. Il résolut de conquérir à la pointe de l'épée ce beau pays de France dont il était, gémissait-il, si barbarement dépossédé ! — Quelque extravagante que puisse paraître l'entreprise, elle n'en fut pas moins très sérieusement résolue par notre héros.

Or donc, M. Louis, animé de cette ardeur chevaleresque qui n'appartient qu'aux âmes d'élite, évoqua les grands noms des Roland et des Amadis et partit à la tête d'une poignée de partisans dévoués, bien déterminés à vaincre ou à mourir. — O destin trois fois funeste ! le grand homme ne vainquit ni ne mourut. La flèche de Strasbourg dont il avait entrepris la conquête est encore debout, pour attester la lamentable issue de cette prise d'armes..... La fortune qui semble prendre un malin plaisir à tromper les efforts de ceux-là même qui ont le plus de droits à ses faveurs, prit pour déjouer la tentative du prince, la forme d'un agent secret de Louis-Philippe et le prince honteux, se retira confus, mais, contrairement au renard de la fable, furieux et avec des poses d'Ajax vengeur..... Coriolan chez les Volsques ne dût pas être plus profondément indigné que notre héros, qui, pareil au personnage romain, menaça la France de tout le poids de son implacable vengeance.

Un prudent exil, loin de calmer cette ardeur belliqueuse, ne fit qu'augmenter, chez le futur grand homme, le désir insatiable d'administrer à son ingrate patrie la plus foudroyante correction.... L'obstacle irrite les grandes âmes, mais loin de les abattre, elle leur communique une vigueur nouvelle. — Alors M. Louis fit comme Achille, il bouda sous sa tente et se contenta, pour prouver à ses compatriotes en quelle mince estime il les tenait, de se faire naturaliser.... Suisse.

« Ingrate patrie, tu n'auras pas mes cendres ! » s'écriait le nouveau-citoyen de Thurgovie, dans un bel élan d'indignation, et, ce disant, il cherchait dans les voyages quelque distraction à l'amertume de sa défaite. Toujours escorté de ses amis et féaux partisans,—bonnes âmes qui, par un fantastique effet de mirage, croyaient sérieusement avoir affaire A L'AUTRE, — et d'étape en étape, il se rendit en Angleterre, où un projet colossal enfanté par son imagination en travail, reçut un commencement d'exécution. M. Louis avait beaucoup entendu parler du camp de Boulogne et de la mémorable descente que l'Empereur avait médité d'opérer sur les côtes de la Grande-Bretagne.

— Une idée ! s'écria le prince en se frappant le front — puisque je dois *forcément* ressembler à feu mon oncle, puisque je dois *fatalement* perpétuer ses errements, puisque c'est ma destinée.... si je tentais la contre-partie de son entreprise ?

Et il passa et repassa devant sa glace pour s'assurer qu'il ne riait pas, convoqua le ban et l'arrière-ban de ses fidèles, passa son armée en revue, fréta une escadre, et après s'être convaincu de l'inébranlable dévouement des siens, fit voile pour la plage boulonnaise....

Mais, hélas ! voilà que cette fois encore, la fortune se joua barbarement de Louis-Napoléon, et il suffit de quelques douzaines de douaniers, maire en tête, pour mettre en déroute cette terrible armée d'invasion qui devait bouleverser la France et laisser bien loin derrière elle la grande armée de Marengo.... O triste retour des choses d'ici-bas ! de ce mémorable événement, il ne résulta qu'une chose — enseignement grave, si vous voulez, mais triste. — Le fort de Ham reçut cette majesté vaincue mais non désabusée, et un geôlier empressé offrit au neveu du grand homme, en guise de trône, *le triste* escabeau auquel venait de le condamner l'opinion publique, ardente à flétrir le récidiviste insensé, l'écolier incorrigible, que d'aussi rudes gourmades ne devaient pas corriger.

On sait que le geôlier de Ham, toujours empressé, prouva plus tard qu'il n'était pas précisément pétri de cette pâte qui préposa jadis à la sûreté des Hespérides un dragon vigilant, et on n'a pas oublié que M. Louis, grâce à la complaisance de son argus bénévole, parvint à s'esquiver la nuit, comme une simple planète dont Albion plus tard devait constater le retour.

A Londres. le prince fut accueilli comme une vieille connaissance, ou plutôt, comme l'enfant prodigue, mais repentant qui vient heurter au seuil de la famille. Persuadé, malgré les rudes traverses qu'il avait subies, que de hautes destinées lui étaient encore réservées, il daigna accepter de ses bons amis les Anglais la splendide dignité dont leur confiance résolut de l'investir... Louis-Napoléon fut donc bien et dûment enrôlé constable de la ville de Londres, c'est-à-dire, *proh pudor! qu'il fut chargé de veiller à la sûreté des bourgeois dont les familles avaient jadis soudoyé les* BOURREAUX DE L'EMPEREUR, *et à l'entretien des monuments qui perpétuent le souvenir du glorieux* DÉSASTRE DE WATERLOO !!!

Il était encore constable, ce triste neveu du plus grand capitaine des temps modernes, entretenant encore un secret désir de s'imposer à sa patrie, quand la Révolution de Février vint balayer les immondices de dix-huit années d'ignominie et raviver en lui ses lamentables prétentions...

Pamphlets, libelles, écrits anonymes, dithyrambes et prosopopées impériales, agents secrets, trames de toute espèce, rien ne fut épargné pour le succès de l'entreprise. — Or, dans ce tohu-bohu d'événements et de choses, il reconquit d'abord sa nationalité perdue, et puis le décret de bannissement fut abrogé par la République nouvelle — les Républiques sont si bonnes filles ! Alors les portes de l'Assemblée nationale s'ouvrirent à deux battants, sauf à octroyer plus tard au prince de par la volonté du peuple et du suffrage universel, la première dignité de la nation !

Les événements, hélas ! n'ont paru, jusqu'ici, que trop bien servir les *fantaisies* du prince, et, à l'heure où notre plume indignée trace ces lignes, il ne lui reste plus qu'un vœu *à faire accomplir*, un seul..... le sera-t-il ?

Oui ! si la France, comme une prostituée, dénoue sa ceinture de vertu et foule à ses pieds flétris dix siècles d'immortalité.....

Non ! si la France songe encore à se découvrir quand elle passe devant la colonne !

IV.

PENDANT.

C'est ici que la carrière politique de M. Louis commence à se dessiner avec plus de netteté, mais c'est ici que notre tâche devient naturellement plus épineuse. — Il n'est pas facile, en effet, de narrer avec sang froid et impartialité des actes accomplis avec le plus imperturbable aplomb, alors que ces actes paraissent être le fruit des élucubrations vertigineuses d'un cerveau détraqué !

Des amis maladroits, comme il s'en rencontre toujours en pareille circonstance, résolurent de tirer le modeste constable de son obscurité et d'en faire un grand homme à tout prix. — Nous ne dirons pas que le futur génie se prêta de bonne grâce à cette incroyable pasquinade ; — nous craindrions de blesser sa modestie ; — quoi qu'il en soit, et à force d'être prôné par ses amis, et par ceux-là même qu'il avait eu des raisons pour regarder, jusque-là, comme ses adversaires les plus acharnés, notre constable finit par se persuader à lui-même qu'il pouvait bien posséder l'étoffe de plusieurs empereurs. Il n'avait pas inscrit sur son grand livre les noms glorieux de Marengo, de Wagram et d'Iéna, c'est vrai ; mais, fallait-il s'arrêter à de si puériles considérations ? L'avenir n'était-il pas à lui ? et, pour un gaillard aussi fortement trempé, l'avenir n'était-il pas toute une destinée de gloire et de renommée ?

Ainsi pensa le constable, ainsi le proclamèrent ses partisans. — Ainsi l'ont publié depuis, ceux-là même qui avaient été les premiers et les plus empressés, jadis, à l'écraser de leur mépris et de leurs sanglantes railleries. L'Angleterre elle-même a voulu se prononcer dans cette délicate question..... Un jugement porté par l'Angleterre ne doit pas vous être suspect, à vous, PRÉTENDANT, qui avez laissé de si glorieuses traces sur cette terre d'hospitalité..... — A cette heure même, dans Park-Lane, on voit deux portraits dont on rit beaucoup, sachez-le : C'est le portrait de l'Empereur orné de ses immortels attributs avec cet exorgue : *Austerlitz et Marengo* — l'HOMME DE BRONZE ! et le vôtre, Monsieur, affublé de votre habit de gentleman-rider, avec cet exorgue : *Strasbourg et Boulogne* — L'HOMME DE PLATRE !

L'homme de plâtre ! entendez-vous ? Ce sont vos bons amis d'Outre-Manche qui s'écrient cela, prince, les dignes habitants de Londres, à la sûreté desquels vous aviez voué votre vigilance de constable !... Perfide Albion ! n'est-ce pas ?

Or, si vos bons et féaux camarades, les dandys, les palfreniers et les entrepreneurs de combats de coqs vous jugent de la sorte, d'honneur ! en quelle estime pensez-vous que doivent vous tenir les Français ? Hélas ! bon prince, la chose est triste à dire, mais elle existe, mais elle est notoire — les Français haussent les épaules de pitié. — C'est déjà bien assez, croyez-nous, que l'ignorance populaire, une malheureuse et fausse application du suffrage universel, vous aient ouvert les portes de l'Assemblée législative... Mais vous appeler à l'insigne et immense honneur de présider toute une nation vaillante et éclairée de 35 millions d'âmes.... vous conférer, de gaîté de cœur et de propos délibéré, la première dignité du premier peuple de l'Univers.... Ah ! vous n'y pensez pas !

Non, croyez-le bien, nous vous le disons sincèrement du plus profond de notre âme, tout ce qu'il y a d'hommes sensés en France, tout ce que notre patrie compte de natures honnêtes et généreuses et sérieusement dévouées à la chose publique, ont consenti à vous amnistier pour sauvegarder l'honneur du nom impérial, mais du moment où vous poussez la folie jusqu'à affubler votre impuissance et votre nullité du prestige de ce nom, pour en faire le drapeau d'une présidence républicaine, ces mêmes natures généreuses et bienveillantes emploieront tous les moyens légaux, useront de toute leur influence, pour faire échouer vos prétentions insensées..... Insensées ! oui, nous vous le prouverons tout-à-l'heure dans la conclusion de notre travail — Insensées,.... d'intentions et de fait.

Et franchement, il faut que ce peuple français, qui passe pour être le peuple le plus ingénieux de l'Univers, soit bien à bout de ressources, bien aveugle, bien ingrat, pour jeter son dévolu sur qui...? sur un pauvre garçon sans portée, comme sans avenir, et cela, parce qu'il jouit de l'insigne honneur d'être le neveu de son oncle !

A *bout de ressources,* car lorsqu'il existe encore en France des hommes véritablement forts, par l'esprit comme par le cœur, des hommes d'une valeur réelle — hommes d'État qui ont fait leurs preuves, qui, ayant blanchi dans les travaux de la science gouvernementale et de la politique transcendante, ont depuis longtemps conquis leur brevet de capacité. — Il faut que la France soit bien malhabile ou qu'elle ait bien peu de discernement pour préférer, à tant d'hommes illustres qu'elle compte dans son sein, un personnage qui n'a, jusqu'ici, brillé que par le ridicule.....

« Oh ! le plaisant projet d'un poète ignorant,
« Qui, de tant de héros, va choisir... Childebrand ! »

C'est absolument comme si, lors de notre première Révolution, le peuple se fut avisé, au lieu des grandes figures de Mirabeau, de Danton et de Camille Desmoulins, d'appeler, à l'honneur de le représenter, quelqu'obscur *incroyable* de la suite de Théroigne de Mirecourt !

Aveugle, car en vous nommant, vous, président de la République, il semblerait ignorer les effroyables conséquences qu'entraînerait son choix funeste. — Dominé par d'ardents agents électoraux, l'ouvrier des villes comme le cultivateur des communes, irait déposer son bulletin dans l'urne, sans se rendre compte du mal irréparable que son imprudence occasionnerait. — En agissant aussi inconsidérément, le peuple se mettrait en hostilité ouverte avec l'Assemblée nationale, avec la saine portion des citoyens que ses suffrages antérieurs avaient appelé à l'honneur de le représenter — offrant par là le triste spectacle de la plus étrange comme de la plus flagrante contradiction, et créant, sans s'en douter, le plus redoutable antagonisme gouvernemental qui se soit jamais produit dans les annales d'une grande nation !

Ingrat, enfin, car en nommant précisément celui qui a le moins fait, qui n'a rien fait pour la France, le peuple commettrait une grande faute, presque un crime — le peuple français se rendrait volontairement coupable de lèse-reconnaissance. A-t-il donc si peu de mémoire, ce peuple, qu'il ait déjà oublié la Révolution de février et les motifs légitimes qui armèrent son bras puissant pour venger nos libertés audacieusement violées ? Ne se souvient-il plus des causes qui amenèrent et hâtèrent cette commotion ? Oublie-t-il enfin que c'est lui qui, foulant sous son pied grande vainqueur les abus scandaleux du dernier règne, souffleta de son gantelet de fer des ministres prévaricateurs ? Et puis, ne compte-t-il pour rien le miracle que le ciel miséricordieux opéra le lendemain de cette sanglante catastrophe des journées de juin ? Car, c'est un vrai miracle, croyez-le bien, que Paris, que la France, que la civilisation, arrachés providentiellement à une ruine certaine... que tout ce qui est composé d'éléments bons et honnêtes, que la propriété, que la famille, que tout ce qui est respectable, aient été, par un revirement inespéré, par un bonheur inouï, arrachés aux étreintes sanguinolentes de la barbarie !

Ingrat... comprenez-vous ? Oh ! n'est-ce pas que cette épithète sonne mal à des oreilles françaises ? n'est-ce pas que vous rougiriez de la mériter ? N'est-ce pas qu'en faisant bon marché de vos plus précieuses qualités, vous attireriez sur votre tête les plus cruelles malédictions et la muette réprobation des morts..., d'un mort surtout que vos souvenirs d'admiration poursuivent au-delà du tombeau... de l'Empereur Napoléon ?

L'*Empereur* ! c'est à dessein que nous insistons sur ce grand nom — fatal et innocent prétexte de tout le mal que vous allez faire... Oh ! M. Louis, M. Louis, si la grande figure de votre oncle pouvait secouer le suaire de l'éternité et descendre de son piédestal d'airain, combien il rirait de pitié, combien son cœur saignerait, en voyant le cas que son héritier fait de cinquante ans d'immortalité ! S'il revenait, *lui*, vous seriez réduit à jouer un pitoyable rôle, mon *don Juan* politique, car votre oncle Napoléon serait votre *commandeur !*

Votre Commandeur ! — dont le front lumineux éblouirait *Votre Majesté* (car il n'y a que deux soleils qui puissent se regarder en face) ; votre Commandeur ! dont le glaive ardent vous ferait trembler de honte et de peur ; — VOTRE COMMANDEUR, dont la voix brève vous écraserait de ces mots :

« Insensé !... que prétends-tu ?... Mais l'éclat de la présidence que tu
« convoites doit resplendir de tout le reflet de la richesse nationale ; —
« c'est un panache étincelant qui doit amener *l'auréole* de gloire et de
« prospérité d'une nation sérieuse et qui se respecte elle-même dans le
« pouvoir qu'elle a placé à sa tête, qu'elle subit volontairement, avec
« orgueil, avec joie, avec conviction..... France ! mon beau pays con-
« quis, si tu n'envisageais pas de cette manière le pouvoir qui doit pré-
« sider à ta destinée, tu annoncerais ainsi au monde que tu es encore
« esclave, que tu subis encore le pouvoir dont tu ne veux pas, que tu
« n'auras jamais que la force de défaire, et jamais le courage de faire ce
« que tu veux !..... »

Et pourtant nous sommes injustes, car, tout bien considéré, LE JEUNE HOMME a des titres incontestables à la haute estime dans laquelle le tiennent ses concitoyens..... Jugez plutôt : — Depuis qu'il a l'honneur de siéger à l'assemblée nationale, il n'a parlé que rarement ; mais en revanche il a voté, à deux reprises, avec une inconsistance de principes qui met à nu toute l'étendue de son intelligence... M. Louis a voté *contre* l'émission des bons hypothécaires et il a voté *pour* le remplacement militaire... Comprends-tu, peuple français ? te rends-tu bien compte de la portée de ces votes ? L'élu de ton cœur, ton fétiche, celui qui doit t'exempter des impôts qui t'accablent, a voté contre l'émission des bons hypothécaires, c'est-à-dire, contre le seul projet de loi qui eût pu, pour un certain temps, alléger la misère qui pèse sur les travailleurs.... il a voté pour le remplacement militaire, c'est-à-dire pour l'*impôt du sang !*

Voilà quel vous êtes actuellement M. Louis, voilà le bilan exact de votre position vis-à-vis du scrutin électoral. Si le tableau est exagéré, si nous avons trop chargé les couleurs, nous consentons à passer condamnation, — si au contraire, nous avons strictement obéi à la voix de notre conscience, si nous nous sommes constitués les échos fidèles de l'opinion de tout ce que notre patrie compte d'hommes honnêtes et bien pensants, si nous vous avons jugé, non par de mesquines considérations d'intérêt personnel, non en vous sacrifiant à des préjugés vulgaires, non en vue de telle ou telle prédilection de parti, mais sur vos actes seuls, mais en vertu d'un principe sacré, mais dans le seul but d'accomplir le plus saint des devoirs : *celui d'éclairer le peuple,* dont des intrigants stipendiés cherchent à pervertir le cœur en faussant son jugement, — alors, nous croyons que nous aurons fait une bonne action et que vous nous saurez quelque gré vous-même d'avoir arraché de vos yeux et des yeux de la France un double bandeau :

A vous, le bandeau d'un amour-propre insensé !
A la France, celui d'une opinion égarée !

P. S. A mesure que notre tâche touche à sa fin, il nous arrive de toutes parts d'involontaires adhésions et d'éclatantes preuves de la vérité de nos assertions. A la Chambre législative comme dans les cercles politiques de toutes parts, sans distinction d'opinion, comme sur tous les points de la France, la candidature de M. Louis perd chaque heure du terrain, et, pour peu que cela dure encore quelques jours, pour peu que cet excellent esprit prenne des ramifications, justice sera faite de ces insolentes prétentions et cette fantastique velléité gouvernementale d'un obscur aventurier, sera traitée comme elle le mérite ! Le népotisme complaisant de vos cousins, M. Louis, aura beau faire, — ce n'est pas à coups de circulaires électorales et à grand renfort de réclames insidieuses, que l'on parvient à établir des droits imaginaires ! — il faut quelque chose de plus sérieux que cela pour réussir et pour jouir enfin de l'insigne honneur, de l'honneur unique de gouverner la France..... Il faut avoir fait des preuves de patriotisme et de gloire !... Où sont-elles les vôtres ? Ah ! si vous aviez arraché votre patrie pantelante aux griffes infâmes de l'insurrection..... — Ah ! si après quatre jours d'une lutte héroïque, vous aviez arboré le drapeau de l'ordre et de la civilisation sur les débris épars de la barbarie... si, au moins, vous aviez donné de ces gages-là, Monsieur, nous comprendrions votre candidature... mais jusque-là, nous répéterons avec tous les hommes sensés qui jugent froidement et sérieusement la position, avec les hommes forts de tous les cercles politiques, depuis la rue de Poitiers, avec M. Thiers, jusqu'à la rue Taitbout, avec la fraction éclairée de la Montagne, nous répéterons :

« Arrière ! Monsieur, nous ne voulons pas de vous..... mis en demeure de choisir entre vous et le général Cavaignac, ce patriote éprouvé dont nous avons eu lieu d'admirer, tant de fois déjà, l'usage intègre des pouvoirs, nous n'hésiterons pas un instant ! »

Mais si, par impossible, vous réussissiez, monsieur Louis, oh ! alors..

. . . .

V.

APRÈS.

..... Alors, il faudrait désespérer de la France, — alors, vraiment la France serait perdue, — car les temps prédits par Ézéchiel seraient arrivés, — l'heure de la désolation aurait sonné et un spectacle horrible s'offrirait à nos regards :

Dans une plaine immense et noire, éclairée à l'horizon par une lueur étrange, qui l'enveloppe comme une ceinture de sang, se dresse un bûcher. — Un bourreau y précipite une femme suppliante et éplorée, belle encore quoique flétrie, et d'innombrables légions de fantômes livides dansent autour du bûcher, en grinçant les dents et en vomissant d'horribles imprécations. Puis, tout-à-coup, le mystère devient compréhensible et le génie de la divination assigne à chaque personnage fantastique son rôle dans la réalité..... Le bourreau a un faux air du *héros de Boulogne*. — La victime suppliante et éplorée, c'est LA FRANCE, et, parmi les trépassés qui dansent en vomissant d'horribles imprécations, il en est qui s'appellent *l'empereur Charlemagne, Louis XII, Henri IV, Louis XIV, Bayard, Turenne, l'EMPEREUR NAPOLÉON !*

RAFAËL PELEZ.

Paris. — Imprimerie D'AD. BLONDEAU, rue du Petit-Carreau, 32.

www.ingramcontent.com/pod-product-compliance
Lightning Source LLC
Chambersburg PA
CBHW061528040426
42450CB00008B/1847